5 Novembre 1912

V

VENTE

Vendredi 8 et Samedi 9 Novembre 1912

HOTEL DROUOT, SALLE N° 12

A DEUX HEURES

Par suite du décès de M. O...

TAPISSERIES ANCIENNES

TABLEAUX

FAIENCES ET PORCELAINES

Meubles

OBJETS VARIÉS

COMMISSAIRE-PRISEUR

Me Charles THIBAULT

EXPERTS

MM. PAULME & B. LASQUIN Fils

CATALOGUE

DES

TABLEAUX ANCIENS

FAIENCES ET PORCELAINES

Delft, Moustiers, Compagnie des Indes, Etc.

MEUBLES

Commode en marqueterie du XVIIIe siècle, Lit portugais, Bahut, etc.

TAPISSERIES ANCIENNES

D'AUBUSSON ET DES FLANDRES

OBJETS VARIÉS

Pendules, Sculpture, Ivoires, Miniatures

Dont la Vente, par suite du décès de **M. O...**, *aura lieu*

HOTEL DROUOT, SALLE N° 12

LES VENDREDI 8 ET SAMEDI 9 NOVEMBRE 1912

à deux heures

COMMISSAIRE-PRISEUR	EXPERTS
Me Charles THIBAULT	**MM. PAULME & B. LASQUIN F**ils
18, rue de Rivoli	10, rue Chauchat – 11, rue de la Grange-Batelière

PARIS

Chez lesquels se distribue le présent Catalogue

EXPOSITION PUBLIQUE

Le Jeudi 7 Novembre 1912, de 1 h. 1/2 à 6 h. Salle N° 12

CONDITIONS DE LA VENTE

Elle sera faite au comptant.

L'adjudicataire paiera *dix pour cent* en sus des enchères.

L'exposition mettant le public à même de se rendre compte de l'état et de la nature des objets, aucune réclamation ne sera admise une fois l'adjudication prononcée.

Paris. — Imp. de l'Art, Ch. Berger, 41, rue de la Victoire.

DÉSIGNATION

TABLEAUX

A. Q. R. (1672)

1 — *Petit Portrait d'Homme en habit noir.*

Signé du monogramme *A. Q. R.* et daté : *1672.*
Cadre en bois sculpté.

ÉCOLE FLAMANDE

2 — *Deux Femmes dans un paysage, tenant une corbeille de fruits.*

Panneau.

ÉCOLE FRANÇAISE

3 — *Batailles, Choc de cavalerie.*

Deux toiles.

ÉCOLE FRANÇAISE (xviiie siècle)

4 — *Portrait de Fillette au chapeau de paille*

Pastel.

ÉCOLE FRANÇAISE (xviiie siècle)

5 — *Portrait d'Homme.*

Fragment de tableau, forme ronde. Toile.

ÉCOLE FRANÇAISE (xviiie siècle)

6 — *Sujet pastoral dans un parc.*

Gouache.

ÉCOLE HOLLANDAISE

7 — *Portrait de Fillette, en costume long, dans un intérieur.*

Panneau.

ÉCOLE HOLLANDAISE

8 — *Portrait d'Homme en armure, et rabat de dentelle.*

Toile.

ÉCOLE HOLLANDAISE

9 — *Portrait d'Homme âgé en riche armure.*

Panneau.

KESSEL (Van)

10 — *Natures mortes : Fleurs, fruits, accessoires.*

Deux petites peintures sur cuivre, faisant pendants.

MARTIN (Attribué à)

11 — *Siège d'une ville.*

>   Deux toiles, faisant pendants.

TENIERS (École de)

12 — *Intérieur de cabaret. — Ermite.*

>   Deux toiles, faisant pendants.
>   Cadres Louis XIV en bois sculpté doré.

13 — Tableaux non catalogués.

FAÏENCES ET PORCELAINES

14 — Trois plats en ancienne faïence italienne, décor de cavaliers, en couleurs.

15 — Trois plats, dont un incomplet, en ancienne faïence de Delft, décor polychrome.

16 — Quatre plats en ancienne faïence de Delft, décors variés en bleu.

17 — Deux plats en terre vernissée, gravée et émaillée. Fabrique allemande.

18 — Cornet octogone et bouteille en ancienne faïence de Delft, décor animaux en bleu.

19 — Soupière avec son couvercle, de forme ovale et contournée, en ancienne faïence de Moustiers ; décor de grotesques et fleurs en couleurs.

20 — Porte-huilier avec ses burettes en ancienne faïence, décor à rocailles.

21 — Pichet en ancienne faïence allemande ; monture en étain.

22 — Paire de cornets en ancienne porcelaine
de la Compagnie des Indes, décorés en couleurs de personnages dans des réserves ; monture en bronze.

23 — Paire de petites potiches couvertes en ancienne porcelaine de la Compagnie des
Indes, décorées de deux réserves à sujets de
personnages, fond bleu à œils-de-perdrix ;
monture en bronze.

OBJETS VARIÉS
PENDULES, SCULPTURES
OBJETS DE VITRINE

24 — Feuille d'antiphonaire, présentant une sainte femme. xvie siècle.

25 — Dix médaillons en émail peint de Limoges, représentant des empereurs romains. xviie siècle.

26 — Miroir en bois guilloché et verre. Époque Louis XIII.

27 — Deux petits tableaux en broderie : sujets relígieux. Cadre Louis XIII en bois sculpté.

28 — Reliquaire en papier peint et découpé, dans un cadre ancien Louis XIII.

29 — Feuille d'éventail, époque Louis XIV, représentant la Promenade dans le parc.

3o — Petit cadre rectangulaire en bois sculpté doré. Époque Louis XV.

31 — Pendule en bronze ciselé doré. Le mouvement posé sur une gaine, accoté de deux figures d'enfants allégoriques. Socle en bois noir, orné de bronzes. Époque Louis XVI.

32 — Pendule en marbre de Sienne et sujet en bronze patiné ; ornements en bronze doré. Époque Restauration.

33 — Moïse en marbre blanc, d'après MICHEL ANGE.

34 — Deux petits cadres en bois sculpté doré, époque Louis XIII, renfermant deux médaillons en cuivre : Henri III et Henri IV.

35 — Lot d'ivoires sculptés. (Sera divisé.)

36 — Lot de miniatures, fixés, émaux anciens. (Sera divisé.)

37 — Deux vases-pitongs en ancien émail cloisonné ; montés en lampe.

MEUBLES

38 — Meuble-bahut en bois sculpté, décor de cariatides. En partie du xvie siècle.

39 — Partie de meuble en bois sculpté, décor de figures en bas-relief, avec colonnettes; xvie siècle.

40 — Commode, à trois rangs de tiroirs, en palissandre, ornée de baguettes de cuivre et bronze ; dessus de marbre gris. xviiie siècle.

41 — Cabinet portugais et son support en bois, à bordures guillochées et ferrures ajourées.

42 — Table rectangulaire, de même travail.

43 — Armoire normande, à fronton, en bois sculpté, ouvrant à deux portes garnies de quatre glaces. xviiie siècle.

44 — Pannetière en bois sculpté.

45 — Lit portugais, à dais soutenu par des colonnes torses, orné de bandeaux, avec applications à rinceaux, arabesques, etc. Ciel de lit brodé.

45 *bis* — Bureau dos d'âne en marqueterie de bois de couleurs, à décor de gerbes de fleurs. Ornementation de bronzes.

TAPISSERIES

BRODERIES, TENTURES

46 — Tapisserie rectangulaire de Bruxelles, présentant dans un parc une jeune femme
assise à terre au milieu de pavots. XVIIe siècle.
Encadrement de bordures, en partie mo-
derne, à chutes de fleurs, oiseaux, lambrequin.

Haut., 3 m. 3o cent.; larg., 1 m. 7o cent. environ.

47 — Tapisserie rectangulaire verdure d'Aubusson, époque Louis XIV, offrant au centre
un gros arbre. Encadrement de bordures à
fleurs, arabesques, vases, sur fond noir.

Haut., 2 m. 4o cent.; larg., 1 m. 85 cent.

48 — Panneau rectangulaire en ancienne tapisserie de Bruxelles, à grands personnages,
XVIIe siècle. Encadrement de bordures à
écussons, armoiries, cartouches, arabesques.
(En partie ancienne.)

Haut., 3 mètres ; larg., 2 m. 15 cent. environ.

49 — Panneau rectangulaire en ancienne tapisserie flamande, à personnages, fond de palais.
Bordure à la partie intérieure. xviie siècle.

5o — Décor de fenêtre en ancienne tapisserie
d'Aubusson, composé d'un bandeau et deux
pentes, à décor de fleurs, arabesques, etc.
Époque Louis XIV.

5i — Deux portières, faites de petits panneaux,
en ancienne tapisserie-verdure des Flandres : paysages avec cours d'eau : coq et
poule au premier plan. Bordure du bas
adhérente et bordure supérieure séparée.
xviie siècle.

Haut., 2 m. 5o cent.; larg., 2 m. 40 environ.

52 — Panneau rectangulaire, fait de plusieurs
fragments, en tapisserie-verdure d'Aubusson et des Flandres ; offrant des paysages
avec habitations, paons, etc. xviie siècle.
Bordures sur deux côtés.

Long., 4 m. 8o cent. environ.

53 — Tapisserie rectangulaire des Flandres ;
sujet à grands personnages. Encadrement de
bordures incomplètes, décor de chutes de
fleurs. xviie siècle.

Haut., 3 m. 25 cent.; larg., 1 m. 70 cent. environ.

54 — Petit panneau, fragment de tapisserie, à
sujet de femme drapée. xviie siècle.

55 — Deux Landeaux en ancienne tapisserie,
décor de guirlandes de fleurs, lambrequins.

56 — Décor de cheminée en ancienne tapisserie
au point.

57 — Dessus de piano à queue en velours brodé
au passé, avec bandeaux en ancienne broderie réappliquée. xviie siècle.

58 — Deux bandes de broderie, dont une avec
médaillon : saints personnages. xvie siècle.

59 — Panneau en satin brodé, à rinceaux, fleurs
et feuillages.

60 — Bandeau de cheminée et lambrequin de
fenêtre en velours rouge et broderie à vases
et rinceaux.

61 — Dessus de selle en velours rouge, et ap-
pliques de cuivre estampé.

62 — Chute en velours rouge, ornée de six petits panneaux d'ancienne broderie, réappliquée. xviie siècle.

63 — Fond de lit en velours rouge, avec panneau central, en ancienne broderie.

64 — Panneau en ancien velours rouge, soutaché.

65 — Trois panneaux en soie brochée. Époque Louis XV.

66 — Mobilier courant.

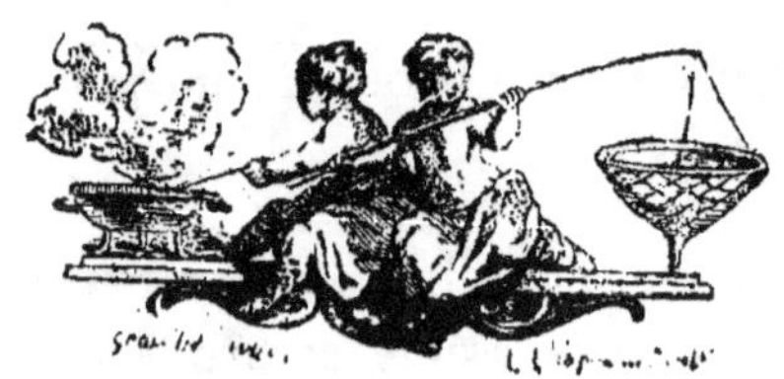